Mon art est silence
SYLVIA NETCHEVA

Copyright © 2018 Sylvia Netcheva

All rights reserved.

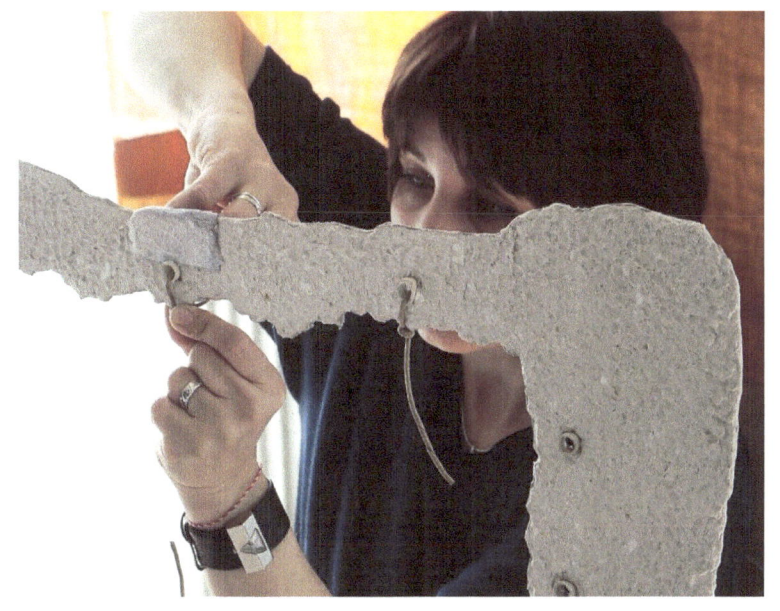

https://sylvianetcheva.com

silnetus@yahoo.com

Mon art est silence
SYLVIA NETCHEVA

ISBN-13 : 9781726229173
Dépôt légal : Octobre 2018
Imprimé par CreateSpace, Etats-Unis
Edité par : Pierre Jean Varet
7 rue du 6 Août 22210 Plémet.
Couverture : collage de Sylvia Netcheva
(c) by Sylvia Netcheva. 2018

Aucune partie de cet ouvrage ne peut être reproduite, enregistrée ou retransmise sous aucune forme ni aucun procédé électronique, mécanique, photographique ou autres sans l'autorisation de l'auteur.

Mon art est silence

Je ramasse les plumes sur la route, les filets abandonnés, les bouts de tissus dans le coffre de ma grand-mère.

Des épaves du temps. Je ramasse les restes du passé, les choses oubliées par les gens où toute l'énergie des vies et des amours passés sont concentrés.

Des bouts de papiers et de nombreuses matières, et voici la métamorphose du papier - de la pâte à papier à laquelle j'ajoute des plumes préférées, du coton, de petits bouts de soie, des miettes de rose séchée, des herbes et des feuilles.

Je croise les arts – peinture, gravure, relief – afin qu'ils vivent ensemble – et je croise les verticaux et les horizontaux pour obtenir le tissu, la matière dense du papier. Quand tout cela est séché au soleil, je déchire et à nouveau relie avec de la colle et toutes mes astuces, et toujours autour de moi : les filets, les vieilles dentelles, les bouts de papier tissés, et c'est toujours la chose mystique, magique et inexplicable.

Mon point de départ, avant toute création, provient de l'esprit, du sentiment, de l'émotion de la douleur, de la souffrance, de la pensée - strophe, mélodie, son, parole, regard. Chaque fois le point de départ sera différent, puisque le monde est étrange comme ces gens qui parlent de la mort et de la peur quand ils vivent et sourient, et qui parlent du sourire et de la vie quand ils meurent ou qu'ils ont peur.
Mon atelier est le Temple des restes de l'histoire du jour - les filets abandonnés, les bouts de tissus dans le coffre de ma grand-mère... - c'est avec eux que je construis mon temple dans l'art.

J'ai toujours été en quête du symbole, du signe, de la sacralisation dans la matière avec laquelle je travaille.

Pour moi le collage est une manière de penser, de concevoir les métamorphoses du papier : une philosophie, une vie, une recherche et une retrouvaille, une liberté infinie avec les restes, les petits bouts des choses cherchées et trouvées sur le Chemin.

C'est le contact, l'attirance d'une matière pour une autre, le baiser entre-elles - magie, miracle, énergie.

L'art c'est le silence.

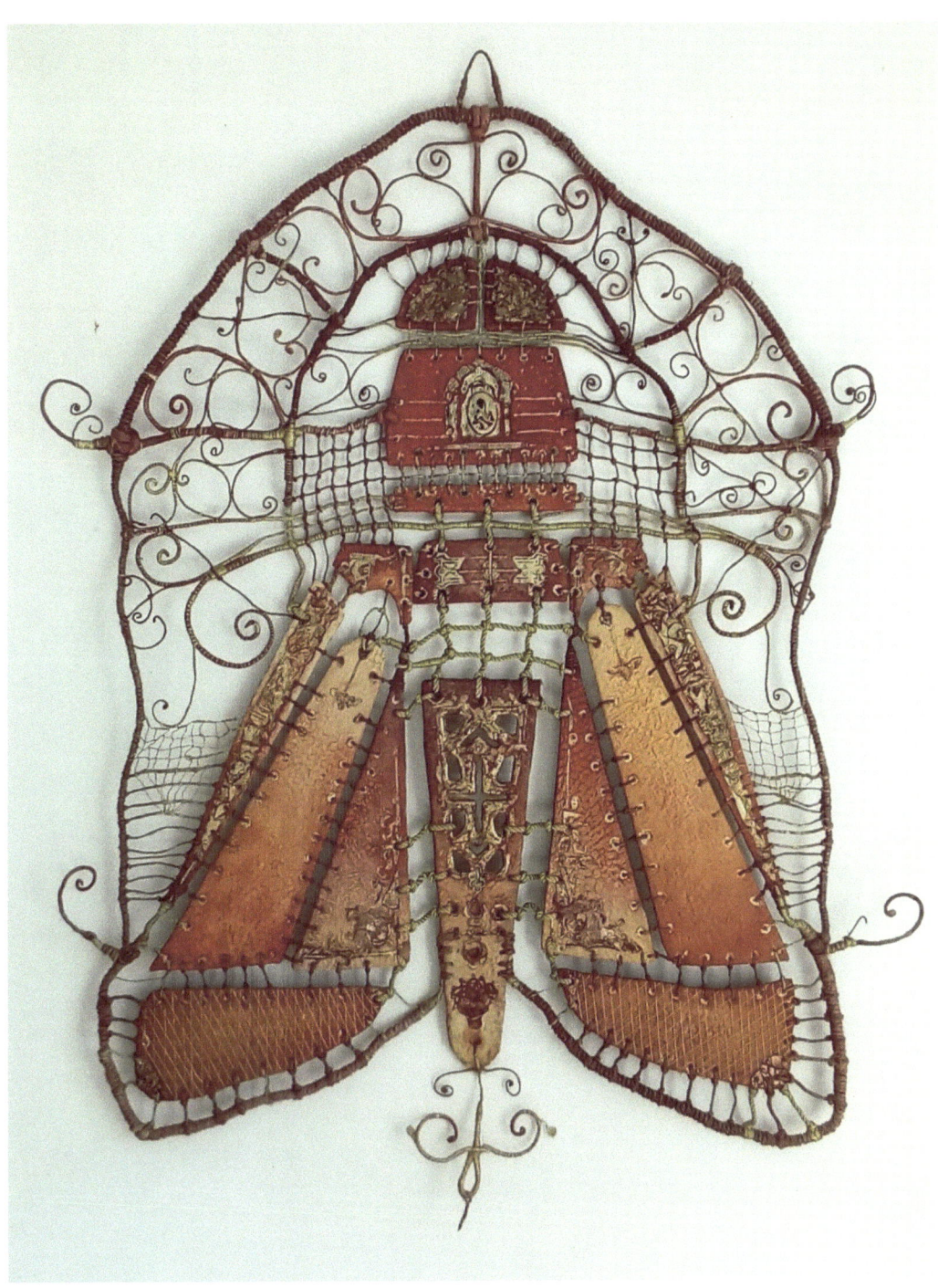

L'abeille

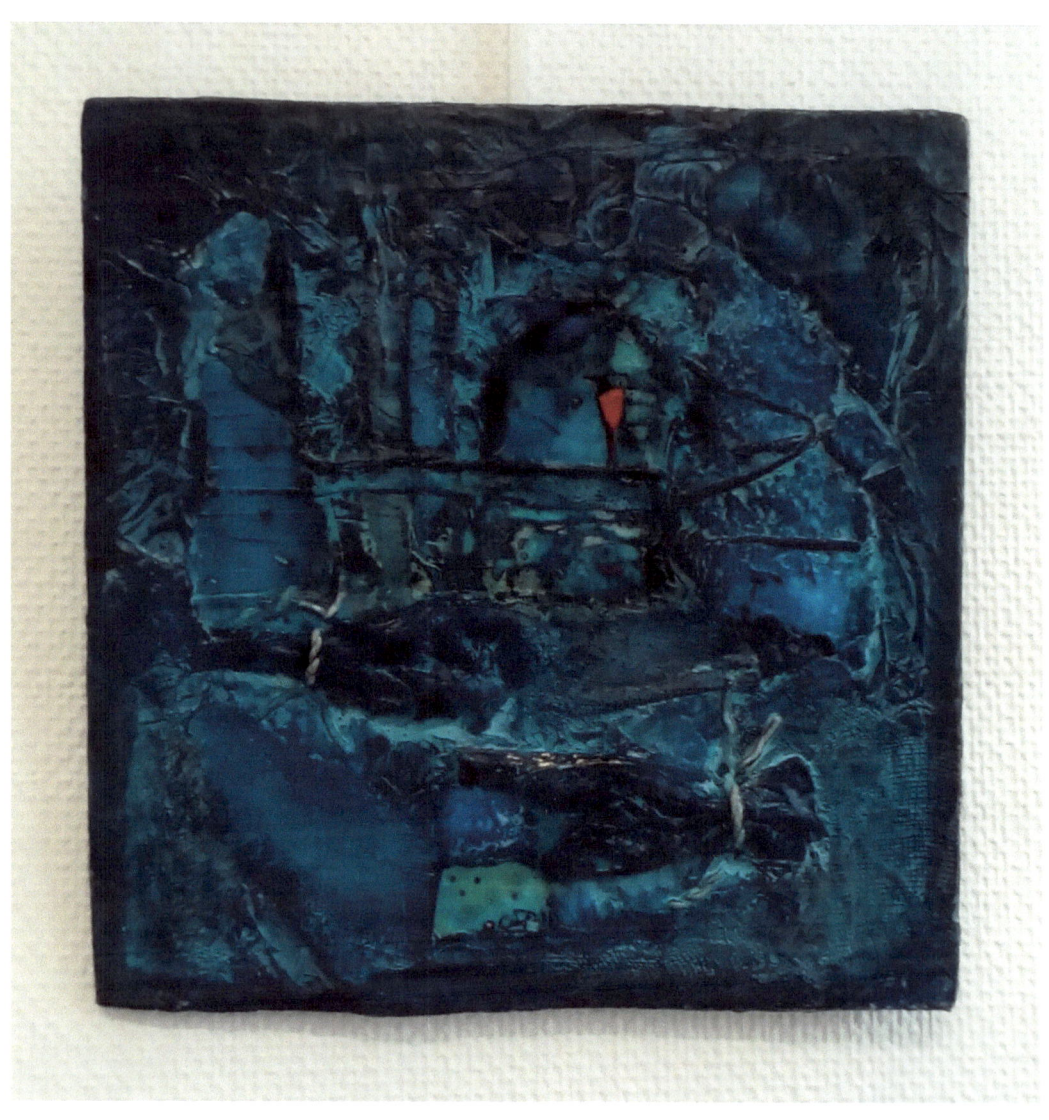

Sentiments

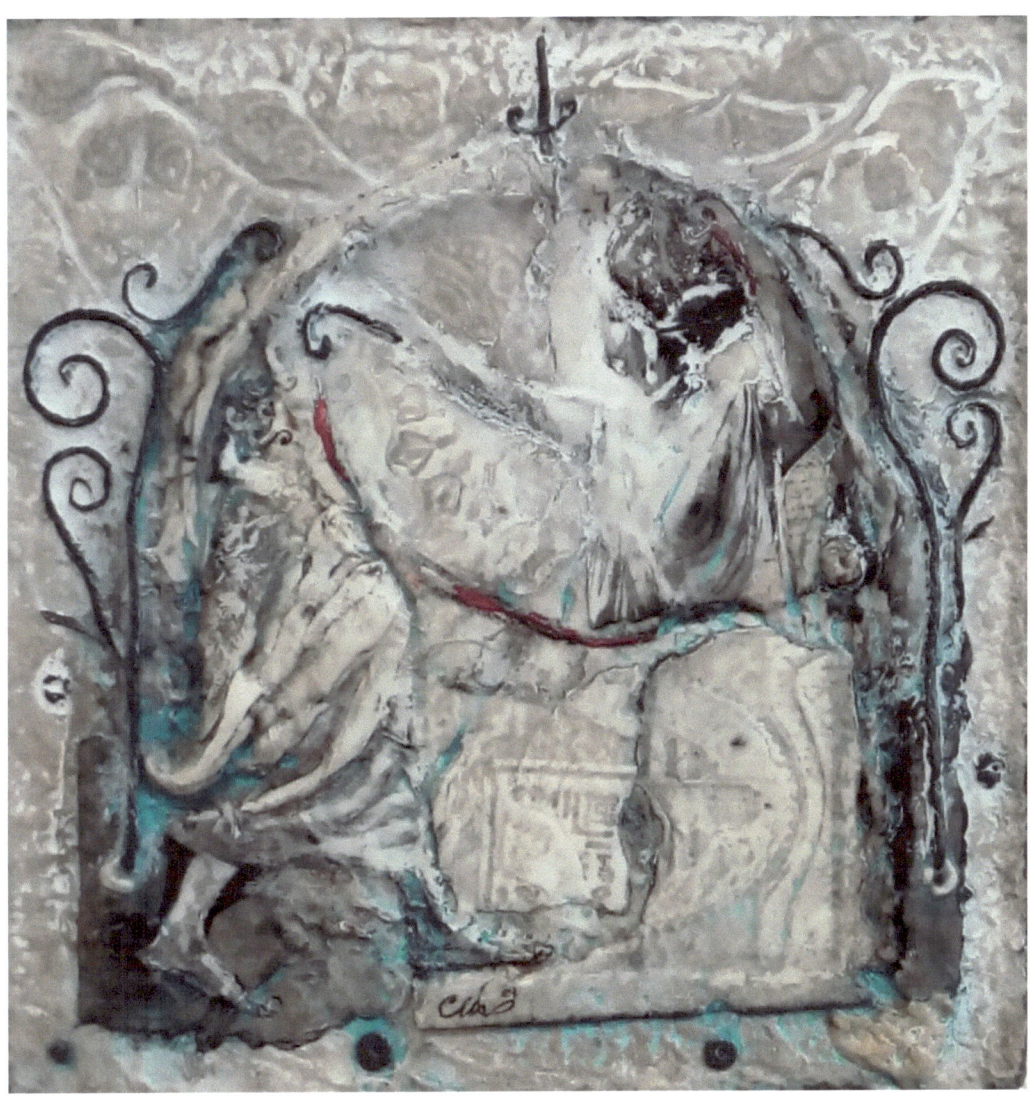

Nymphe

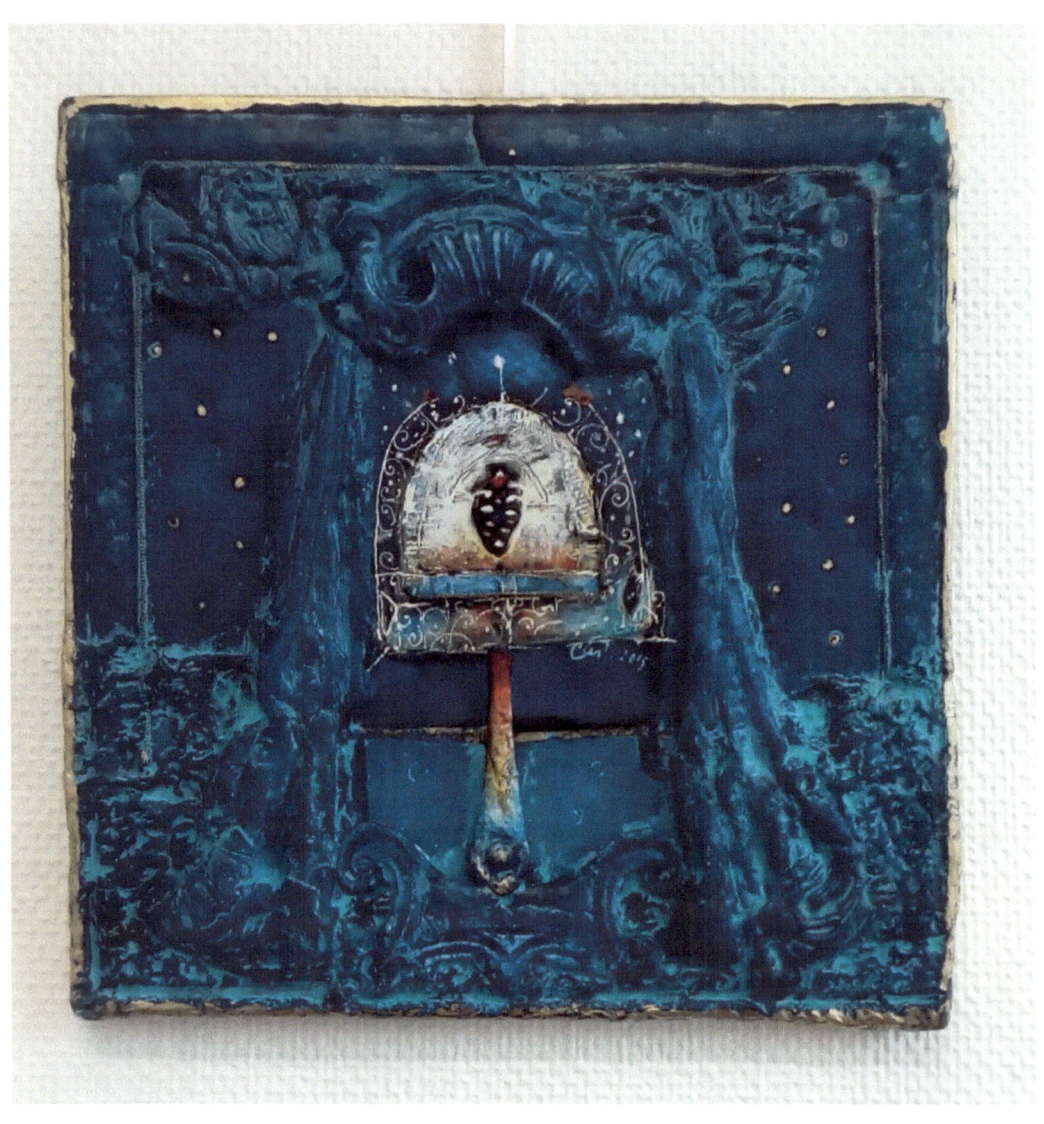

Carnaval

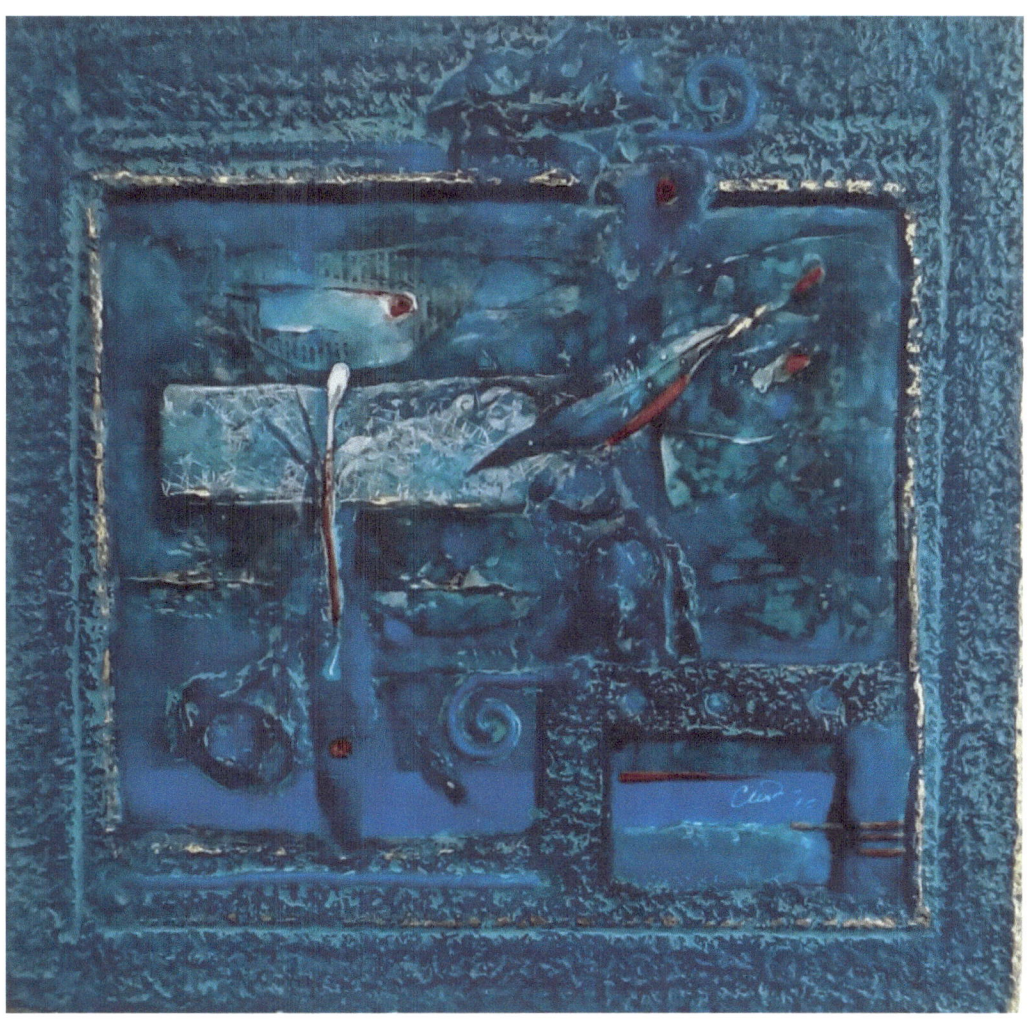

Libélla

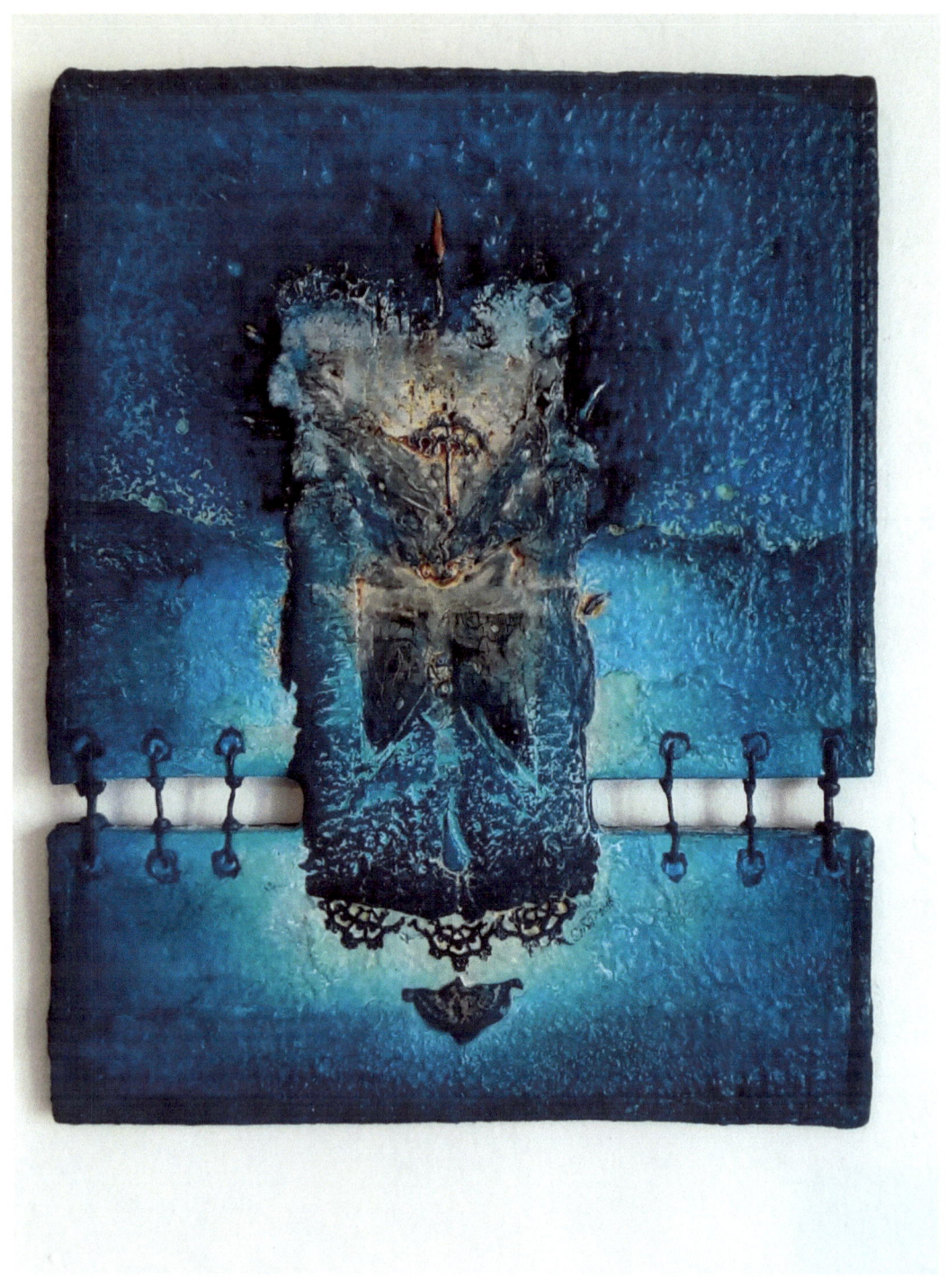

Lumière

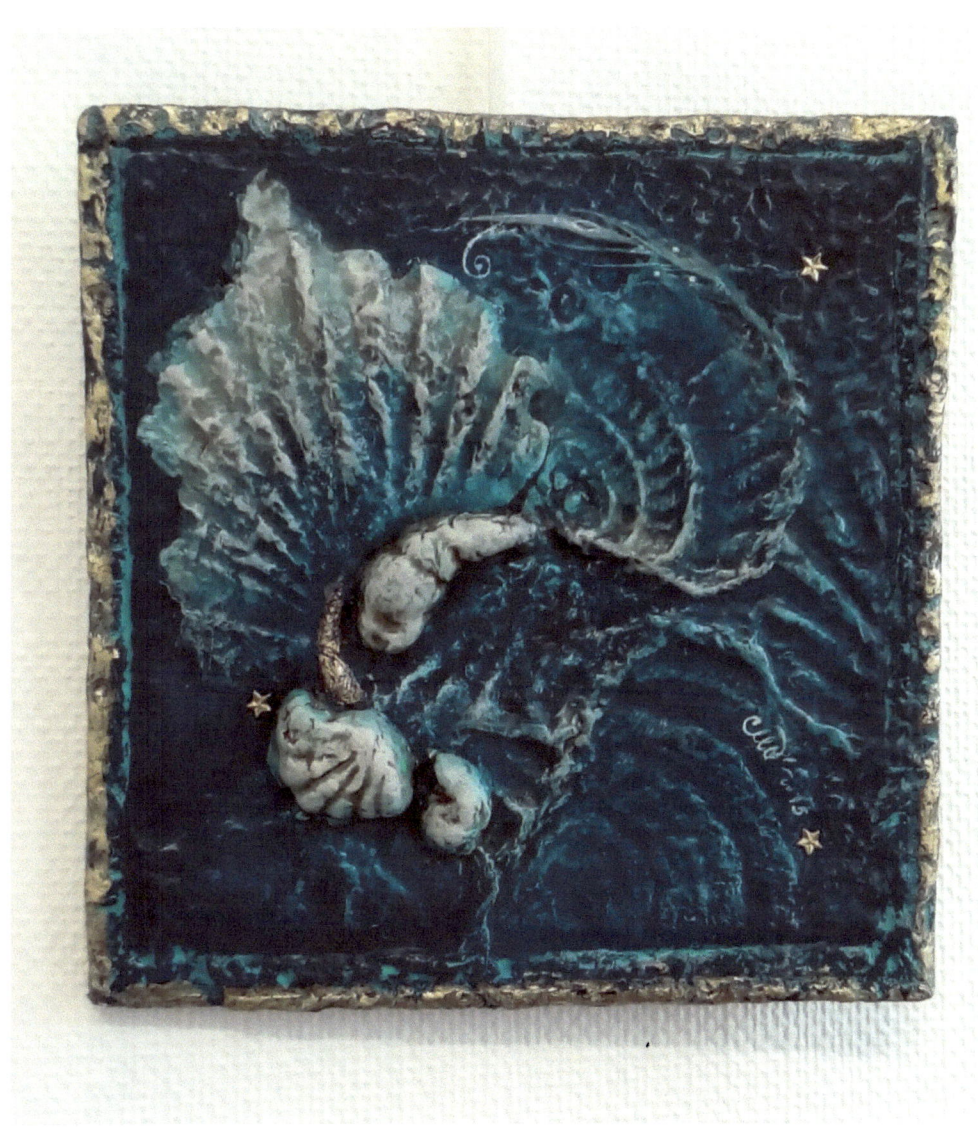

Eternité

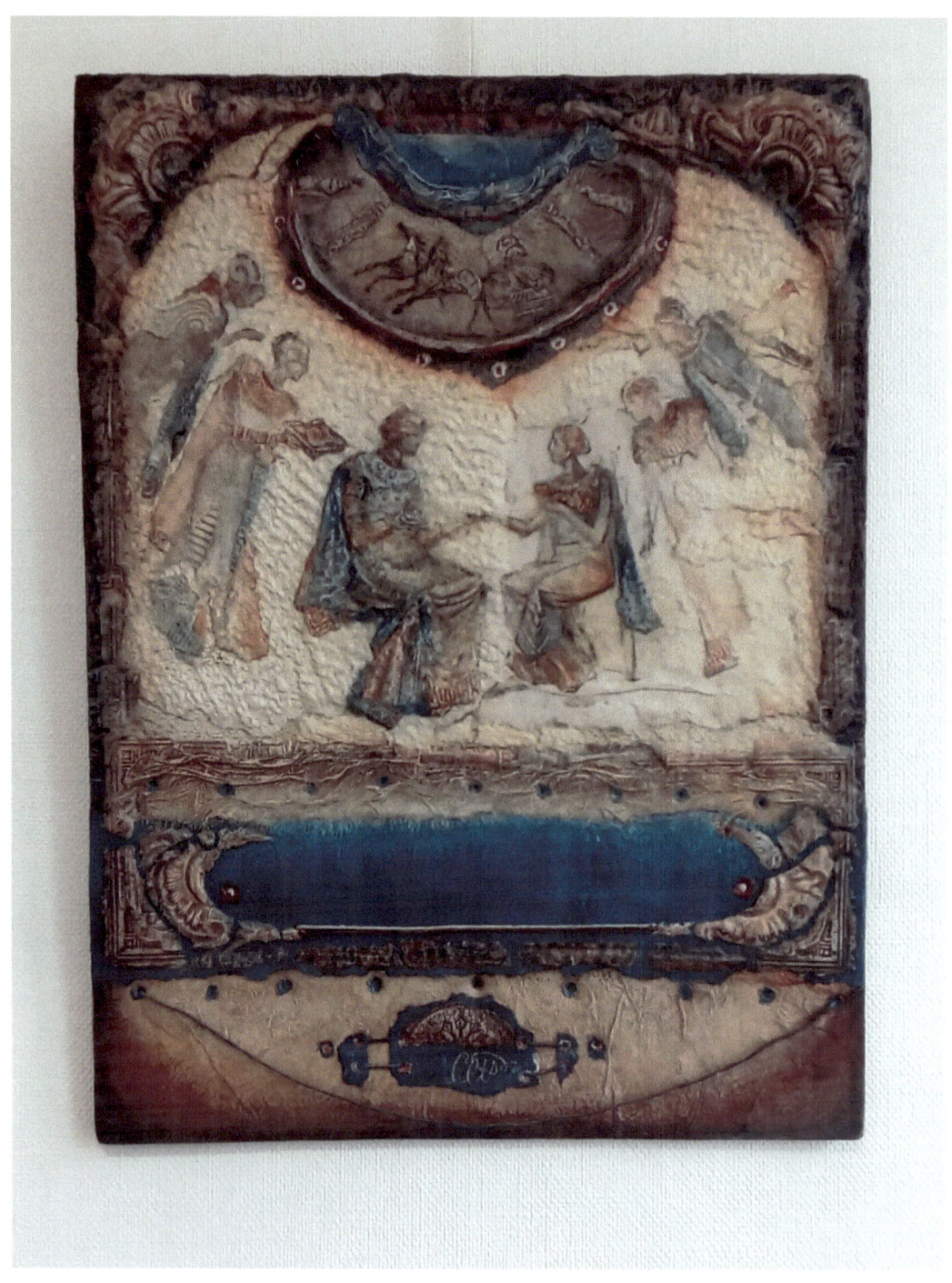

Fresque

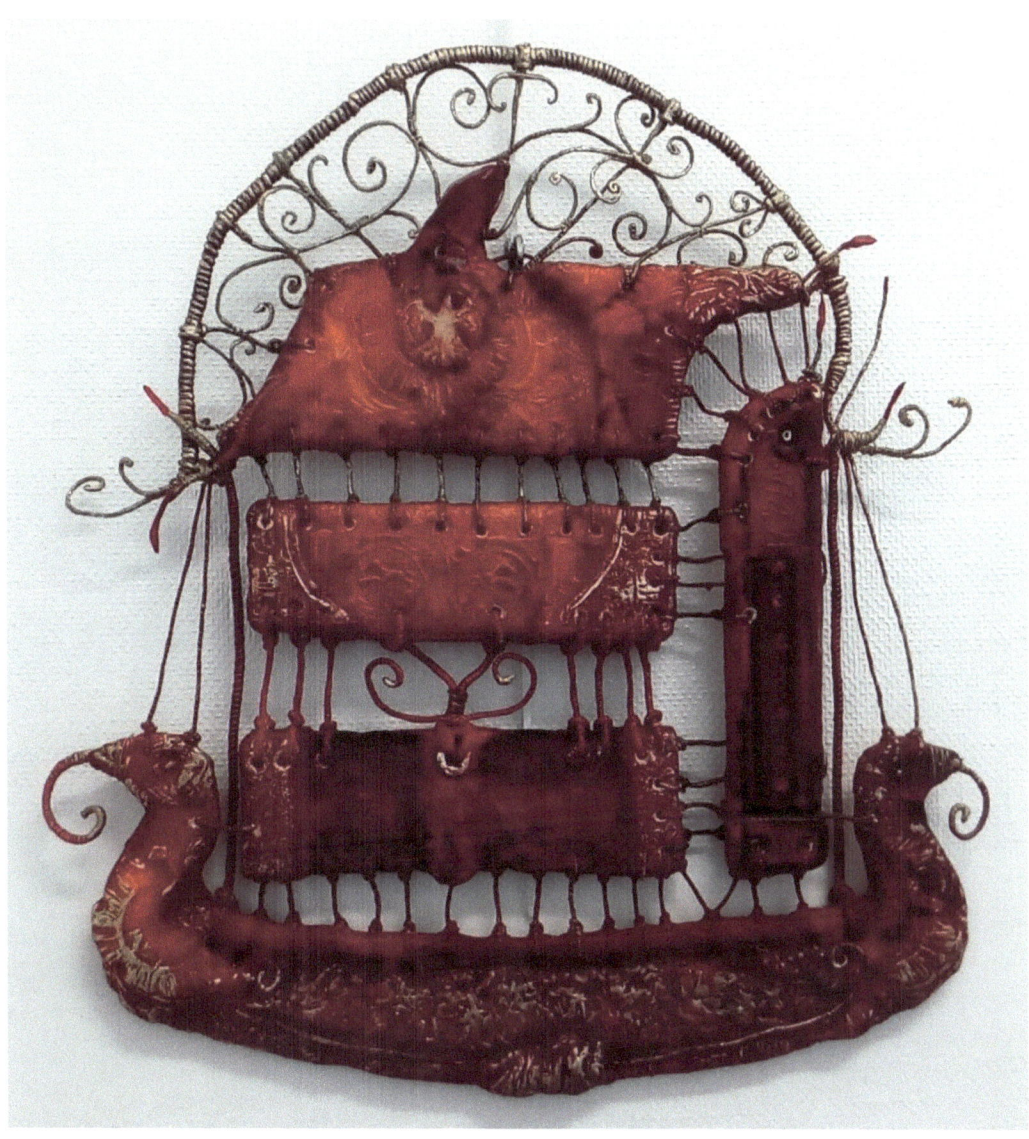

Phénix

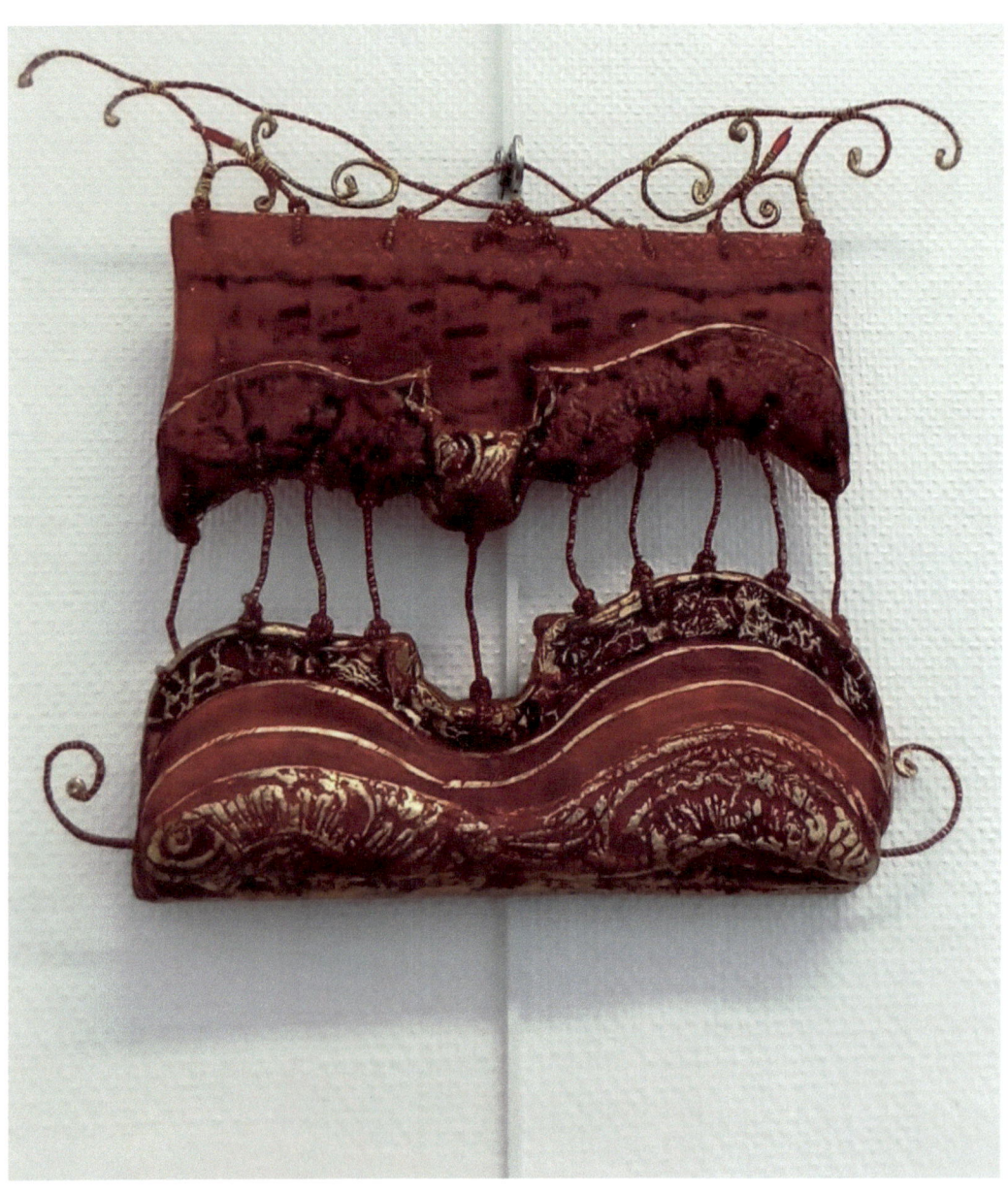

Animato

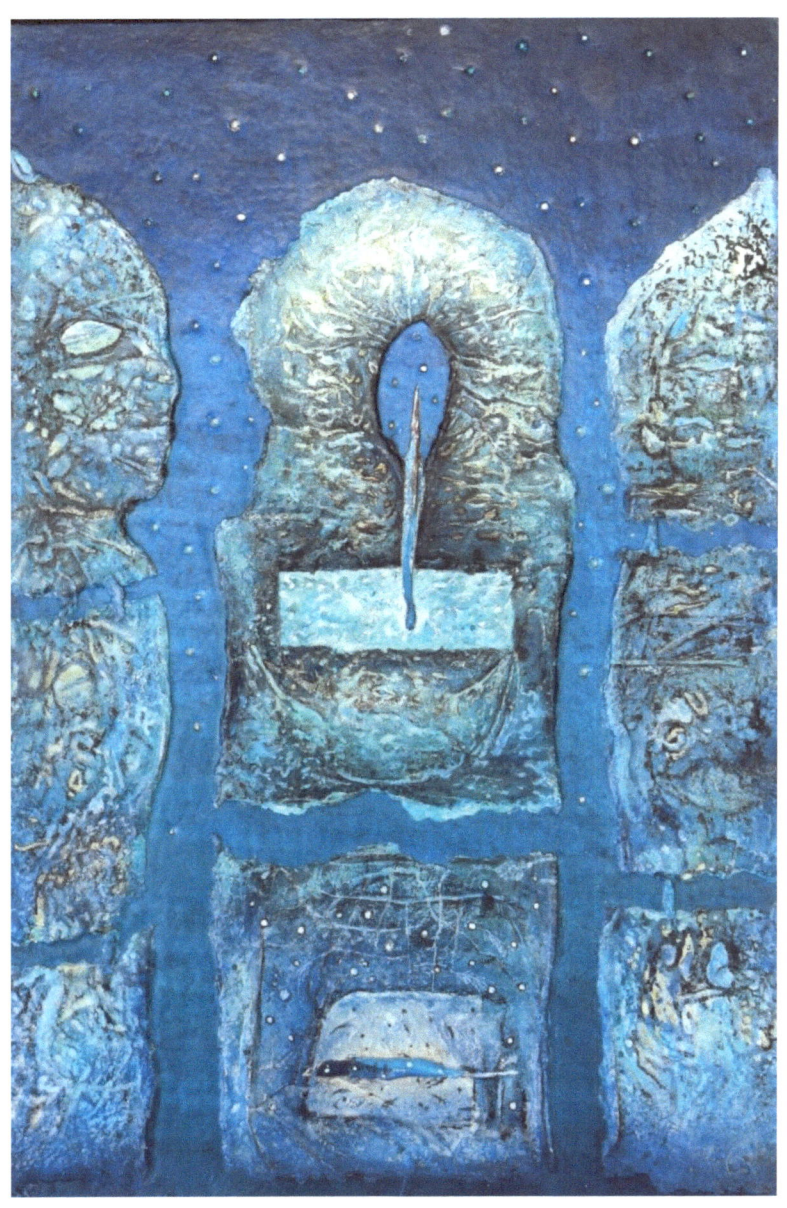

Aquamarine

Mon art est silence

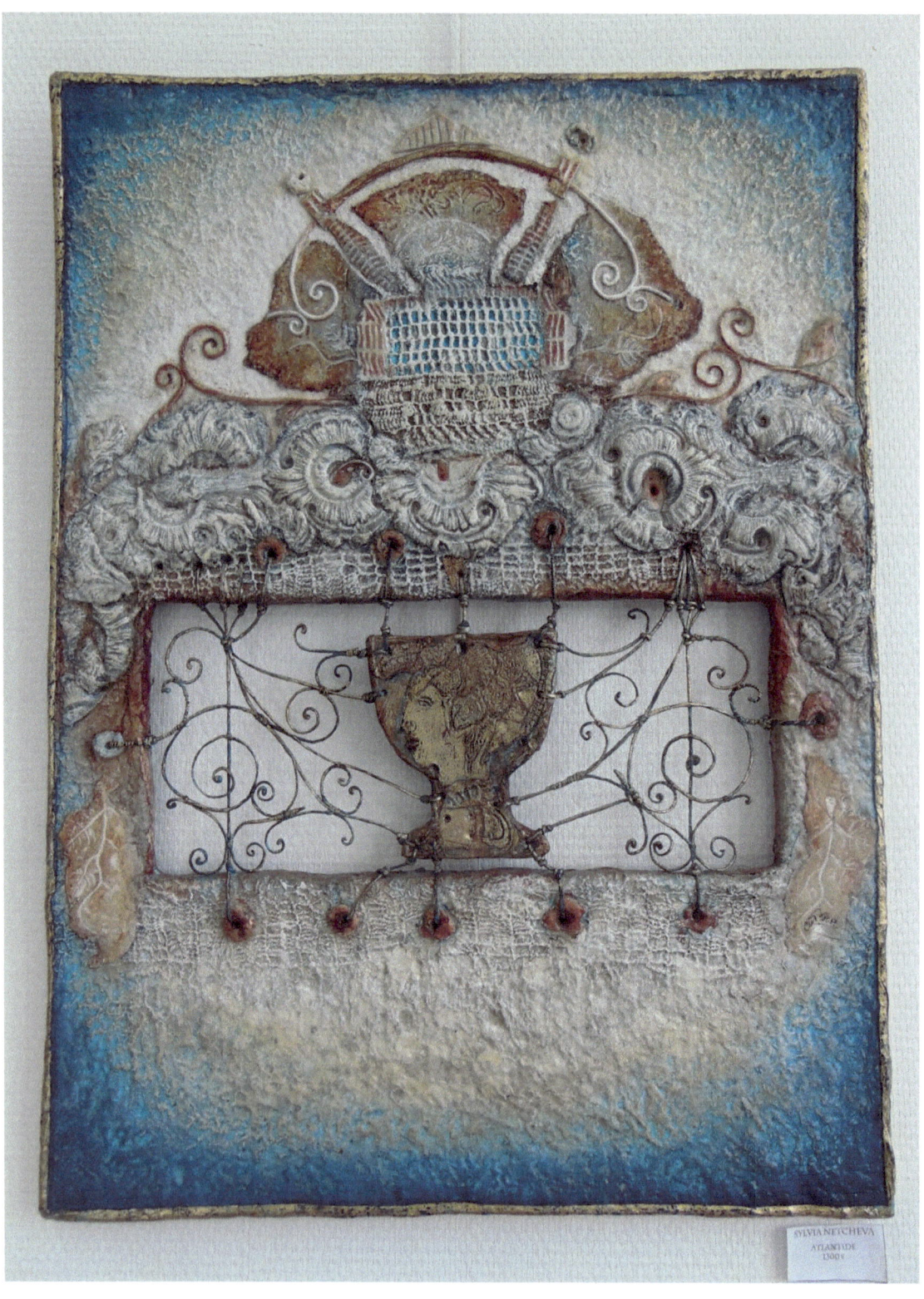

Atlantide

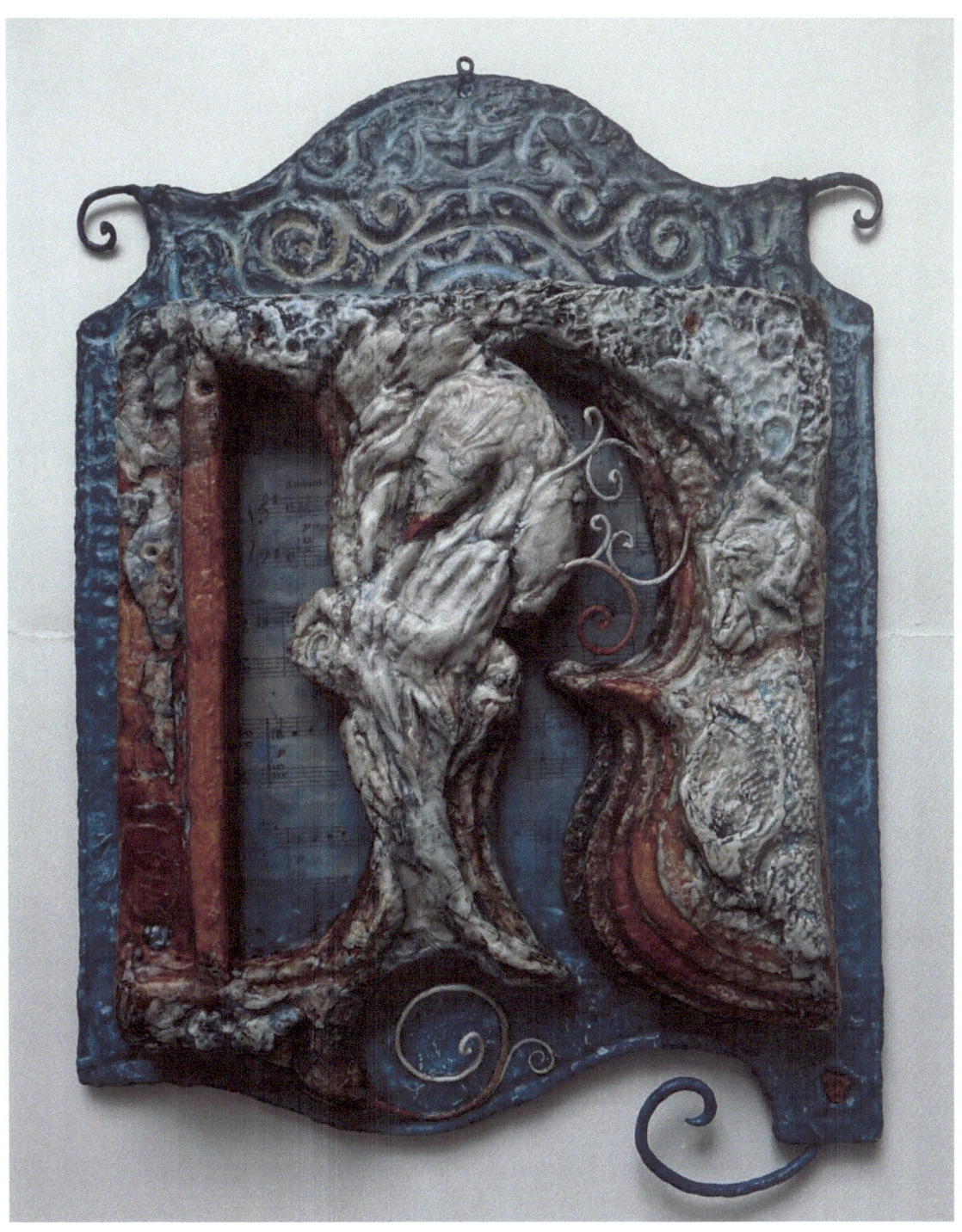

Andante

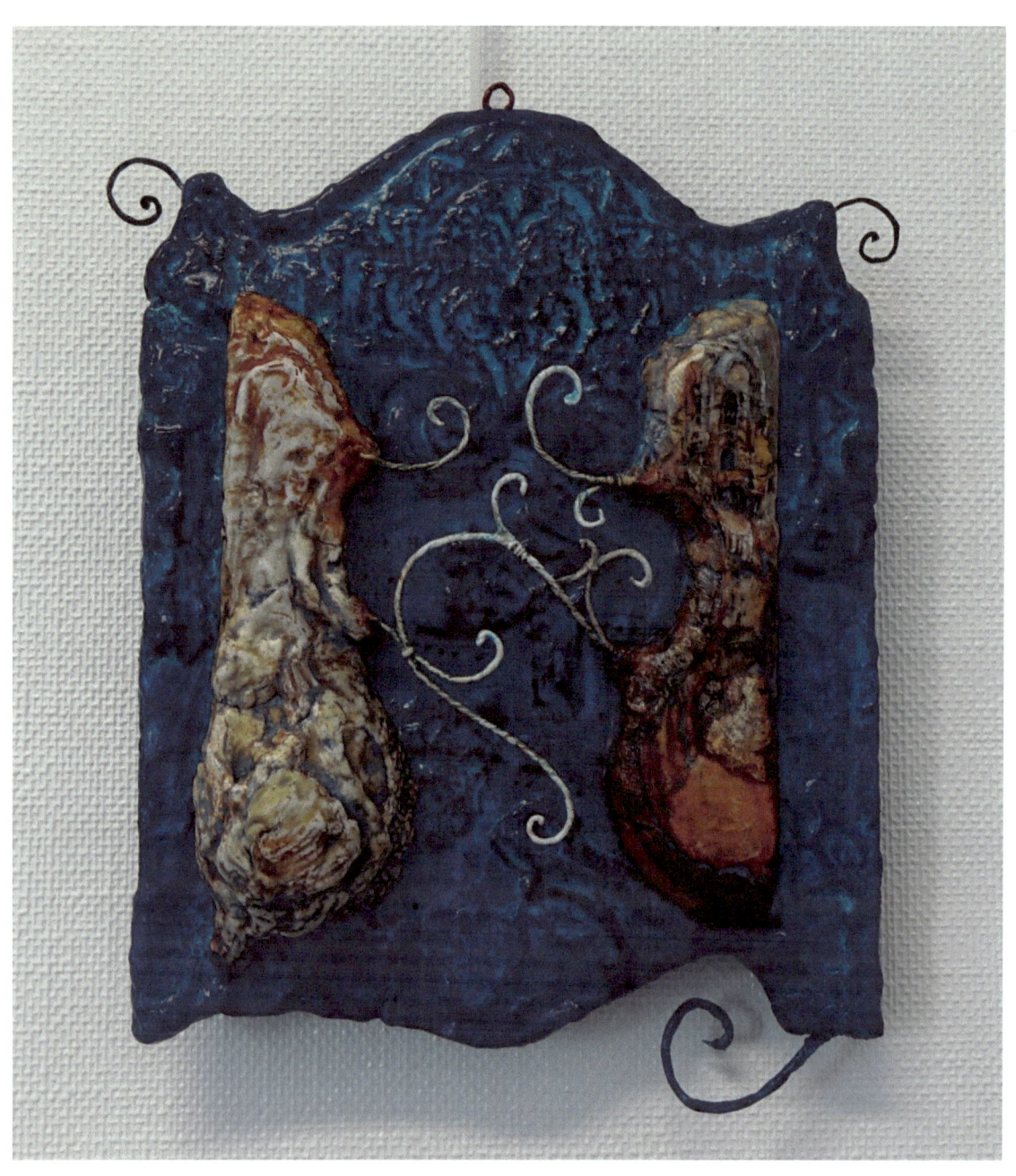

Sonate d'eau

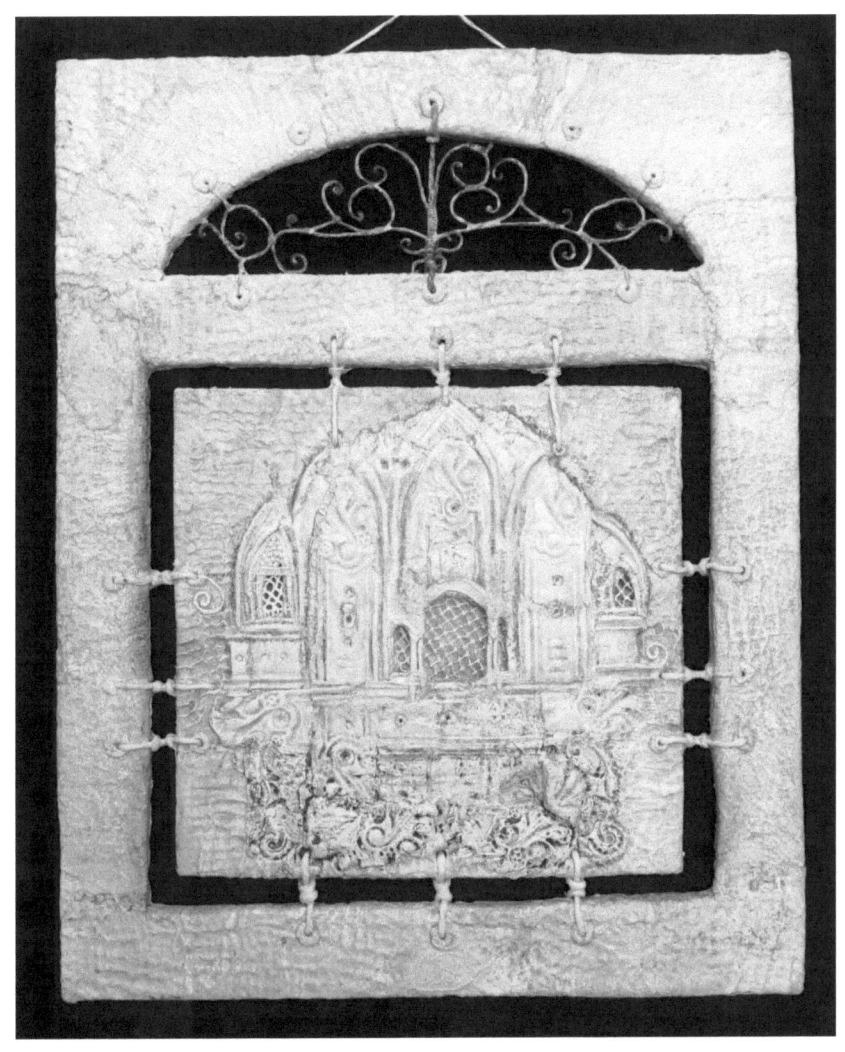

Il était une fois

Mon art est silence

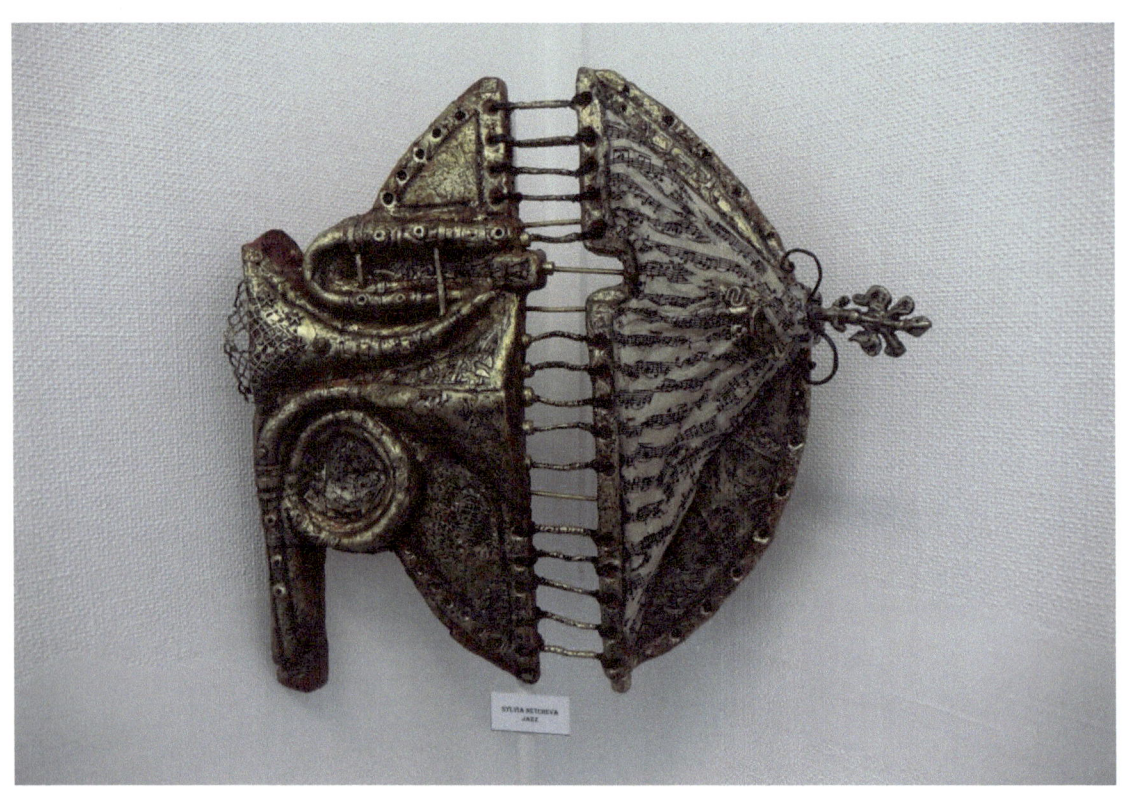

Jazz

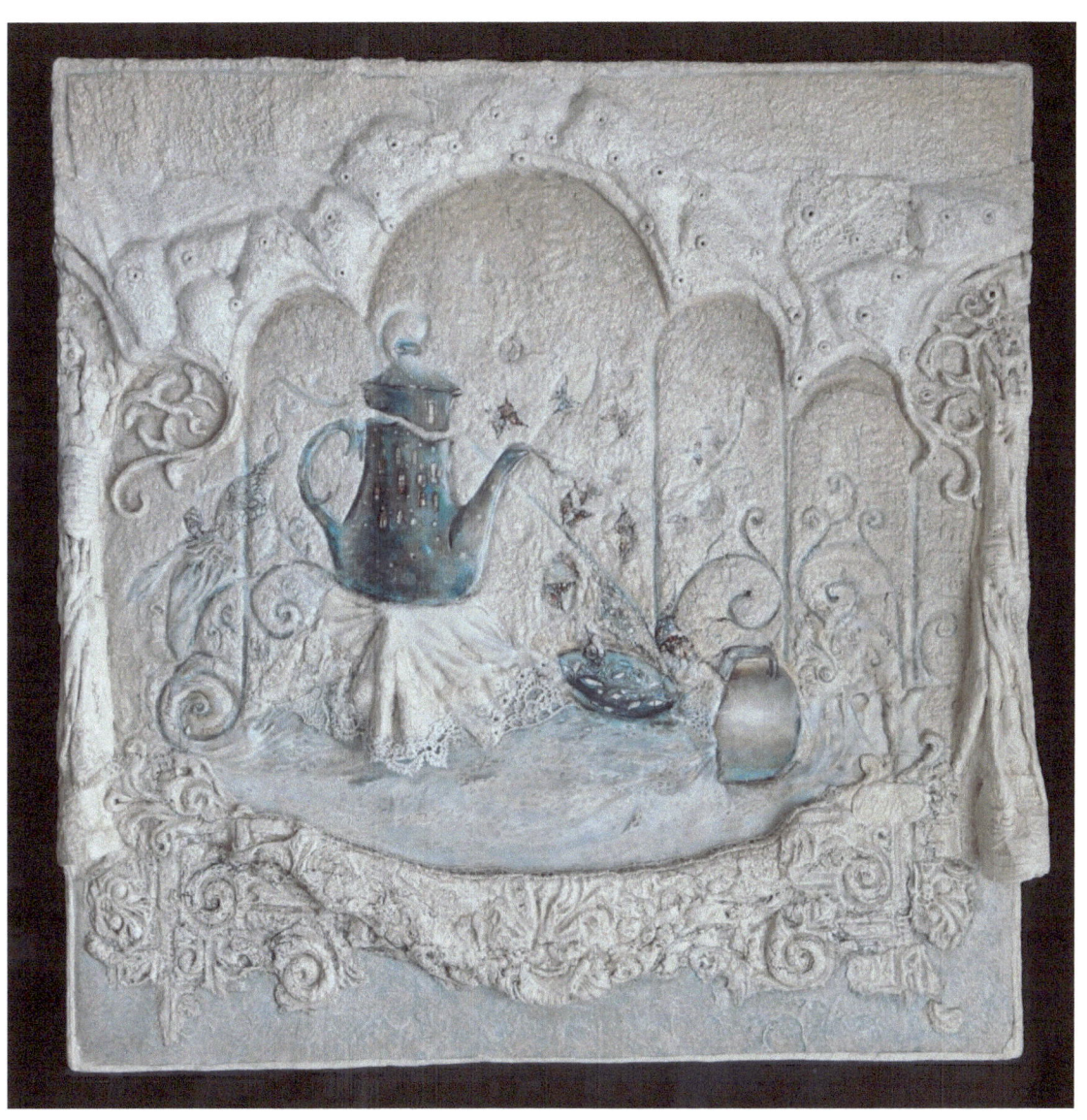

Thé d'aile

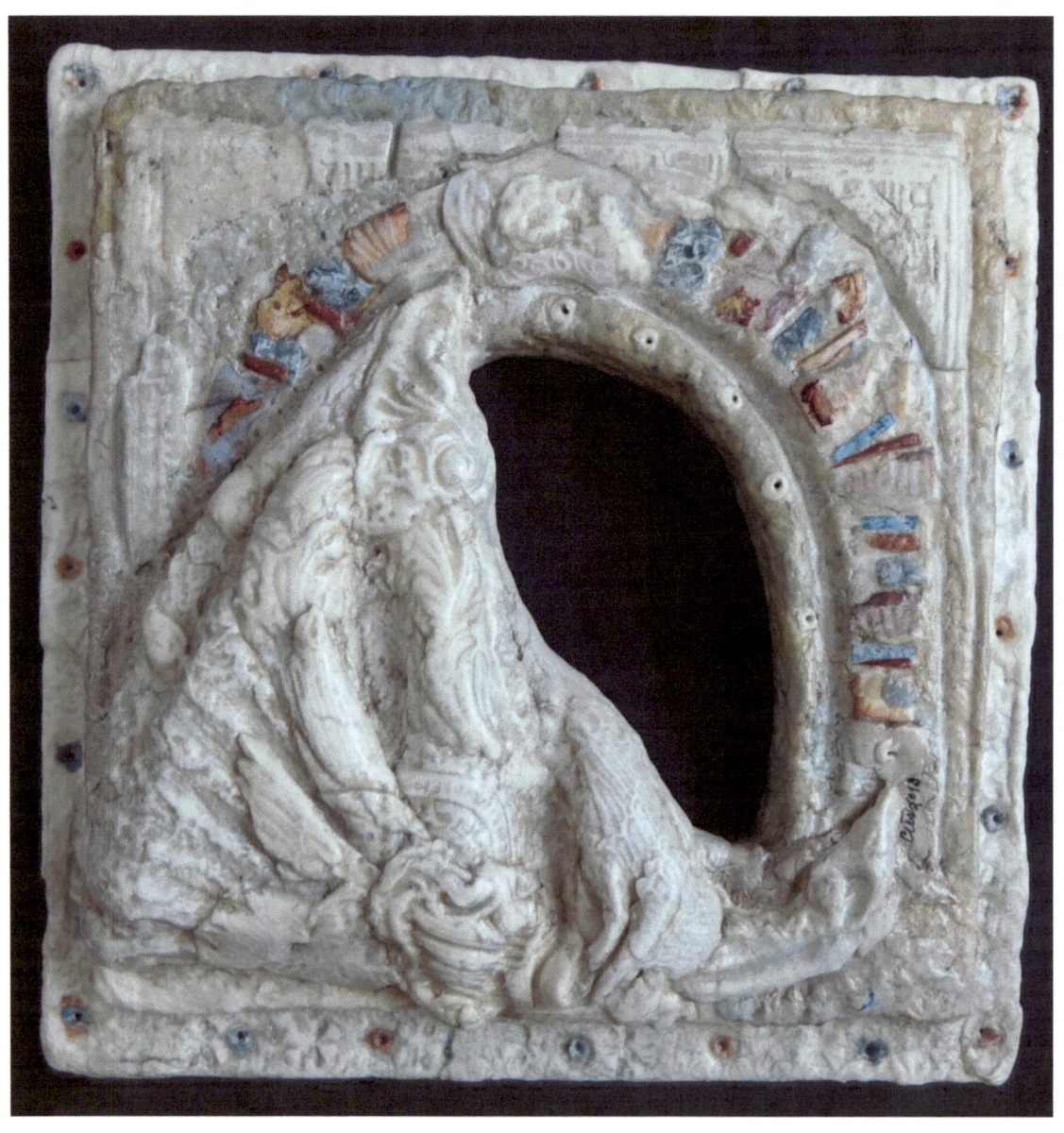

Relief de rêve

REPERES

RECOMPENSES :

Prix New Forms

(Plovdiv, Bulgarie 1991)

Prix Générations

(Pazardjik, Bulgarie 1993)

Prix Symposium Art Collage

(Plovdiv, Bulgarie 2002)

Prix du Public, salon international du collage contemporain

(Paris, 2003, 2004 & 2011)

Prix des Galeristes Nationaux

(Plovdiv, Bulgarie 2006)

PRINCIPALES EXPOSITIONS PERSONNELLES

1991 : Graiz Gallery Allemagne
1994 : Starinna Gallery Plovdiv
1995 : Auerbach Nikolajkirhe Allemagne
1998 : Natally Galerie Sofia
2003 : Galerie Ghenev ,Plovdiv,Bulgarie
2004 : Galerie Dutoit , Genève_Suisse
2004 : Galerie Saschsen, Plovdiv, Bulgarie
2005 : Espace Erable, Avon, France
2006 : Galerie Diakov , Plovdiv, Bulgarie
2007 : Galerie Art Spectar , Plovdiv, Bulgarie.
2007 : Espace Reuilly, Paris
2008 : Galerie Art Spectar, Plovdiv , Bulgarie
2009 : Galerie d'art de l'Ecole, Merdrignac
2009 : Galerie d'art, Air France, Roissy
2010 : Galerie Loft, Paris
2013 : Centre d'art, La Ferté sous Jouarre
2013 : Galerie des Régates, Pléneuf Val André.
2014 : Galerie des Régates, Pléneuf Val André
2014 : Passage Sainte Croix, Nantes
2015 : Galerie des Régates, Pléneuf Val André
2016 : Un artiste dans nos murs, Hillion
2016 : Galerie d'art, Jugon les Lacs
2017 : Scénes d'automne, Plouha
2018 : Art au Manoir, Taden
2018 : Médiathèque Guilloux, Ploeuc L'Hermitage
2021 : La chapelle de La Trinité, Plouha
2022 : Château de Gratot, Normandie
2023 : Médiathèque de Ploeuc L'Hermitage

PRINCIPALES EXPOSITIONS COLLECTIVES

1984 : Berlin Uumbolt Université Allemagne
1992 : Hanover Allemagne
1992 : Ambassade Bulgare, Londres, Angleterre
1995 : Iliev Gallerie Koln Allemagne
2000 : Recherche Club Paris
2000 : Dics Gallerie Utreht Hollande
2001 : Salon du collage, Espace St Martin Paris
2002 : Symposium Art Collage Plovdiv
2002 : Salon du collage Espace St Martin Paris
2002 : Kemper Gallery, Manhatan, USA
2003 : Espace Château Landon, Paris
2003 : Galerie Artecultura, Milan, Italie
2003 : Voeux d'Artiste, Toulouse
2004 : Voeux d'Artiste, Paris & Lyon
2004 : Galerie Clairière, Paucourt
2005 : Salon du Collage, Paris.
2005 : Symposium Nogent le Roy
2006 : Salon du Collage, Paris
2007 : Salon du Collage, Paris
2008 : Hôtel de ville de Bruxelles.
2008 : Salon du collage Paris
2009 : Espace Dutoit, Genève, Suisse
2009 : Galerie Léonardo, Paris
2011 : Espace des Hauts de Belleville, Paris
2011 : Espace Claude Rich, Belfort
2011 : 5ème Biennale Le regard des autres, St Brieuc.
2012 : E.Barrett Art Gallery, New York, USA
2012 : XIXème Salon du collage, Paris
2012 : Orangerie du Thabor, Rennes.
2012 : 100 ans, 100 collages, Musée Artcolle, Plémet.
2012 : 101 collages contemporains, Paris.
2013 : Centre Culturel Tchèque, Paris.

2013 : XXème salon du collage, Paris.

2013 : Musée de la chaussure , Romans.

2013 : Expo F.M.R., Plérin

2013 : Les Champs Saint Brieuc

2014 : XXIème Salon du collage, Paris

2014 : XXIXème Salon des Arts, Cavan

2014 : Le temps des sirène 4ème Biennale, Larmor

2014 : L'art du collage au coeur de la création, Paris.

2015 : XXIIème salon de l'art du collage, Paris.

2015 : Carré d'Art, Binic.

2015 : XXXème Salon des Arts, Cavan.

2015 : XXVème regards sur les arts, Lamballe.

2016 : XXIII Salon du collage, Paris

2016 : Un artiste dans nos murs, Hillion

2016 : Galerie Diakov, Plovdiv (Bulgarie)

2017 : 4ème Biennale de Bretagne, Saint Brieuc

2017 : XXIVème salon du collage, Paris

2018 : Salle des régates, Pléneuf Val André

2018 : Salon d'art, Plouha

2019 : Salon des peintres, Plédran

2019 : 30e Salon d'Automne, Saint Brieuc

2021 : Galerie Diakov, Bulgarie

Mon art est silence

www.ingramcontent.com/pod-product-compliance
Lightning Source LLC
Chambersburg PA
CBHW051829210526
45473CB00005B/1806